DESTE LUGAR

DESTE LUGAR

Paulo Franchetti

Ateliê Editorial

Copyright © 2012 by Paulo Franchetti

Direitos reservados e protegidos pela Lei 9.610 de 19 de fevereiro de 1998.
É proibida a reprodução total ou parcial sem autorização, por escrito, da editora.

Dados Internacionais de Catalogação na Publicação (CIP)
(Câmara Brasileira do Livro, SP, Brasil)

Franchetti, Paulo.
  Deste Lugar/ Paulo Franchetti. – Cotia, SP:
Ateliê Editorial, 2012.

ISBN: 978-85-7480-595-5

1. Poesia brasileira. I. Título.

12-06703   CDD-869.91

Índices para catálogo sistemático:
1. Poesia: Literatura brasileira   869.91

Direitos reservados à
ATELIÊ EDITORIAL
Estrada da Aldeia de Carapicuíba, 897
06709-300 – Granja Viana – Cotia – SP
Telefax: (11) 4612-9666
www.atelie.com.br / contato@atelie.com.br

Printed in Brazil 2012
Foi feito depósito legal

SUMÁRIO

Nesta hora acesa 11

Este corpo nunca 12

Sobre esta mesa, veja 13

Os que amaram antes 14

Primeiro 15

A tarde cai, o céu 16

Meu amor 17

A cortina branca 18

I – A relva na base da colina 19

II – Ouço que me chama 19

Eis que se move 20

O que a lança de Aquiles fere 21

Ali falamos de amor, enquanto a morte 22

Fique neste registro o excesso 23

Sob a sombrinha japonesa, se abrem 24

Ela me diz: escreva 25

Mesmo esta noite 26

Gotas de chuva na água 27

Outra noite caminha para o fim 28

Sob o céu pesado 29

Disse o sol ao anjo 30

Palavras 31

Dance me to the children 32

O esperado 33

Meu amor 34

Que me diga sempre 35

Celebraremos o mistério – pura 36

O prazer 37

Estátua de sal: a carne 38

Estas. 39

Como pode o planeta 40

Este rumor, a brisa, um traço 41

Se aqui entrasse, ergueria a mão 42

Uma mulher, no rio 43

Parasse 44

Que a minha mão seja dada ao esquecimento 45

Quilhas contra 46

Música do tempo 47

Vinha de nenhum lugar 49

Formas abertas 50

Quando chove, os cavalos 51

Desce uma pomba, seu pescoço 52

A fiação da rua 53

Um pássaro cruza o ar leitoso 54

Todos entramos na morte 55

A água corre, silenciosa. 56

O navio navega. 57

Este destino 58

Outra noite solitária. 59

O que parece desígnio 60

O cheiro das mangas na fruteira. 61

O céu quente, o asfalto. 62

Por este momento. 63

A chuva na folhagem. 64

Poderia ser apenas isto 65

A noite gelada caminha 66

Belas são as manhãs indiferentes. 67

Nada de novo: a vida escorre. 68

Meio da tarde 70

Nunca tinha reparado 71

6

A folha da samambaia 72

Minha mulher mexe. 73

Temos um cachorro 74

A luz inútil da sala 76

Pessoas passeiam. 78

Cuiabá. 79

Desta sacada, vejo 80

4 poemas mexicanos. 81

    I 81

    II 82

    III – Coyoacán. 84

    IV 85

2 poemas de Nova Iorque. 86

    I 86

    II 88

O vinho da noite, o frescor. 89

Macau 90

Retorno 91

Em algum lugar, o pomar 92

Paineiras, canaviais 93

Toda a vida se desfazendo 95

O risco do bordado não se percebe 98

Assim diria: nós 100

Esta é a oportunidade 101

A floreira da sala está cheia. 103

Vê-la ali. Os olhos. 105

Tantas fotos: minha infância 108

Minhas filhas me olham 109

Dia dos Pais. 111

I'm just sitting here watching the wheels

John Lennon

NESTA HORA acesa
como uma maçã ao sol da tarde,
enquanto as aves gritam no fundo
do céu escuro e o arrozal ondula –
nesta hora em que o espírito
faz a colheita do dia e o corpo
repousa em si como um lavrador cansado,
nesta hora de carne satisfeita, em que as pedras
respiram, a casa se move no ritmo das marés,
o leite e o mel proclamam o retorno,
ergo por dentro a prece solitária.
Em breve outra vez a face da terra,
enrugada, dirá palavras amargas,
a taça de fogo despejará
a despedida.
Mas agora, nesta hora,
somos irmãos – eu e os insetos
miúdos que cantam nos desvãos,
e também as galáxias
que dormem ou se devoram,
pairando no vazio do tempo.

ESTE CORPO nunca
esteve tão próximo de deus.
O que não tem limites,
o que sabe as frases sem palavras,
o que está abaixo, acima e ao longo
da rosa infinita dos ventos.
A carne exilada se completa
em outra carne.
Outra vez o fruto busca a mão.
Os pés percorrem
o jardim perdido.
O barro respira, exala
o sopro criador.
A maldição e o anjo
– de que valem,
se o caminho da carne,
a veia escura da restituição,
permanece aberto?
Quem trocaria, nestes momentos,
o corpo e a sua morte
pela esperança que esvoaça?
O orgulho do refeito
pelo fim
da original separação?

SOBRE ESTA mesa, veja:
o sol como um pão aberto,
a chuva, a madrugada
em que nos encontramos,
o vinho derramado
sobre as cores da aurora,
árvores, florestas,
a força do nosso
apetite de cidades,
livros retalhados, a busca
da beleza sem verdade
e da verdade, apenas
anunciada – a criança
que temos sido
os dois a sós,
o silêncio das cores
estelares, acolhedora
água, o mar, o rio,
areia, terra, todas as formas
do desejo –
e a nossa carne,
a nossa pobre carne,
suspensa e depois
respirando, lenta,
no escuro do sono,
onde outra, como esta,
mesa posta, se prepara
para o nosso despertar.

OS QUE amaram antes
e os que ainda vão amar;
os que andaram nas ruas
e os que cruzaram os campos;
aqueles que tiveram a sorte
e aqueles que apenas desejaram;
os que ouviram as palavras
e os que não as disseram;
os que já morreram
e os que estão por nascer:
com todos me irmano
neste momento, repleto
e vazio de mim mesmo.
A todos estendo o pensamento,
e em segredo convoco:
eu, que não sou nada, apenas
aquele que o amor agora habita
e agita e faz falar.

PRIMEIRO,
a sua natureza;
depois,
os benefícios —
sobre a natureza,
nada sei;
sobre os benefícios,
o que diria?
Não é aquele ainda
que moveria o céu
e as estrelas altas.
É o que vem como um golpe,
o que abate
e arrebata.
O que, quando habita,
faz se erguerem as flautas,
ressoarem os profundos,
inundar a melodia
a paisagem.
Sua forma é música:
apenas no tempo,
enquanto dura,
se revela.
Interrompido,
de volta
ao chão surdo e pardo
do infinito mastigar,
eis a pergunta repetida:
redenção dolorosa do desgarre,
quanto irá desta vez
tardar?

A TARDE cai, o céu
transparente – quase
imagino ver o fundo.
Nascemos, porém,
em desencontro.
Quando fecho os olhos,
flutua sobre o meu
o seu rosto, olhando.
A ponta de dor, até
no vazio do sono,
em que afundo
como uma pedra afunda
na água azul e limpa
da piscina.

MEU AMOR,

o grande elefante não passeia
pelos caminhos do coelho.
Cessa de medir o céu
por um canudo de bambu.
Se ainda não compreendeste, vem,
que eu tenho a coisa preparada para ti.

A CORTINA branca
contra a nuvem branca
sobre um céu escuro.
Pela fresta móvel
– figura invertida –
vem a luz que incide
e recorta a sombra
desta mão morena
sobre a pele clara.

I

A relva na base da colina
sob a lua: assim
a poderia descrever, assim
a veria
se estivéssemos aqui
os dois e se houvesse lua.
A fome, porém, tem de esperar,
o sono demora a começar,
enquanto me lembro e sinto
a pele lisa, a forma desvelada
e nua.

II

Ouço que me chama.
A voz se ergue
e pulsa – que me chama e espera.
Quem dirá o vazio de ouvi-la,
deixar que me penetre, passe
de uma ponta a outra
do meu corpo?
Sei que me deseja: os olhos,
poços escuros,
invertido horizonte,
constelação desfeita.
Enquanto me lembro,
deitado, aguardando a hora
de acordar.

EIS QUE se move
como o vento sobre a água.
Quando a abracei, a carne
firme sob a minha mão.
Seus olhos abertos,
os cabelos soltos.
Eu lhe disse
as verdadeiras palavras.
O resto,
no compasso, junto –
uníssono
e agitado coração.
Agora a contemplo,
enquanto caminha.
Ou se debruça, em atenção.
A boca, os pés, a linha da cintura:
tudo ali renova
o voto da destinação.

O QUE a lança de Aquiles fere,
só a lança de Aquiles cura.
Assim me ouvi dizendo
na hora mais escura.
El viento de la noche gira en el cielo y canta —
o que fazer desta amargura?
A mente se estende no espaço,
mas não quer a forma pura.
Quer de novo a pele quente, a boca,
a voz, a entrega, a carnadura.

ALI FALAMOS de amor, enquanto a morte
espiava da janela e o fim da tarde descia
sobre os corpos cansados e o ar pesado
era apenas a sombra pálida
do acolhimento, desfeito em torpor
e em desamparo.
Também rimos, e bebemos, e erguemos o rosto,
como as antigas estátuas que um dia contemplamos.
(Num jardim, num museu, num livro trazido da infância?)
E para ser como elas, por momentos, fixamos a pose,
ouvindo o seco raspar das unhas, em vão buscando segurar
o que tão logo se perdia.
Para quem por sua vez nos contemplava, o presente
não existe: é seu o olhar que esgota, que apaga,
que tudo faz confluir para o não-tempo,
não-lugar, não-sonho.
De lá nos olhava, enquanto ensaiávamos ainda uma vez a dança
    impossível,
a invejável (apenas por instantes) onipotência das crianças.
Velhas crianças, sob um olhar mais velho, mais vazio,
de novo buscando a impossível anulação das fronteiras da carne
em vida.
Mas agora, nesta voz que ergo em celebração, transmito a chama
    do que houve,
nela levanto, para os que sabem que tampouco triunfarão, esta
    memória
daquele breve fulgor, enquanto falávamos de amor
e os corpos confusos se estendiam sobre a falta,
na efêmera, única parcela que nos resta, do que fosse eternidade.
E com estas palavras me alegro, e me sustento no intervalo,
ainda que logo venha o esquecimento, por um ou outro caminho,
o sem sentido, o fim.

FIQUE NESTE registro o excesso,
o que não tem lugar
sob o céu de agora.

Ponta de rocha
coberta de limo
no meio do rio:
a glória sagrada dos corpos,
a carnal flutuação do espírito
e o que sequer, neste instante,
pode ser preso
na rede de palavras.

SOB A sombrinha japonesa, se abrem
os dois olhos pretos.
A forma amada do resto
despe o pudor da confissão.
Em pé, observo.
Deste ângulo
é tão outra, sendo a mesma.
Mas me olha:
a de sempre. Que seja,
para sempre – digo.
E o seu sorriso se abre
e irradia
como a sombrinha aberta
atrás dos seus cabelos soltos.

ELA ME diz: escreva
um poema alegre.
Aqui estamos – diz – os dois,
e a praia e o mormaço
abraçam.
Olho para as árvores,
o seu verde espesso.
Depois para as crianças
que rolam na areia, e digo:
sim, eu creio
que poderia escrever
um poema alegre.

MESMO ESTA noite
é cheia de cores:
amarelos nos morros
sob a chuva, roxos
nas flores dormidas,
no batom, verdes
nas folhas de coqueiro
sob a luz do raio,
que até a massa negra
do mar pesado
ergue do escuro informe.
Que não se apague
(não é muito
o que peço)
com a luz da manhã,
quando a sua boca,
despida, mergulhar
na xícara de café.

GOTAS DE chuva na água
da piscina: qualquer registro
salva. O tempo
dissolve rápido o que é estar
inteiramente, por não mais
que um momento, aqui.
O barco, a brava folhagem
da iúca – lentamente
oscila o conjunto
da tarde que termina.
Um casal se beija
sob o guarda-sol.
O céu se dobra agora
sobre nós dois,
enquanto a brisa aos poucos
se ergue sobre o mar.

OUTRA NOITE caminha para o fim.
O sono não descobre
a terra do repouso,
a mente vaga, o coração
represa, os olhos
não se fecham, sem rumo
navegam
no teto do quarto.
Caso esteja
por perto, ligue –
ou basta aparecer:
não têm horas
nem sustos
estas
noites brancas.

SOB O céu pesado
da sua cidade, buscando
o caminho: nem reto
nem fácil.
A sombra das grandes árvores,
a luz, com força cega,
de toda parte.
Sem o seu corpo, sem o cheiro
dos seus cabelos, tudo
é metal e pedra e formas desgastadas.
Cruzo agora, à beira-rio, outra vez
a mesma parte que cruzamos
no terror do encontro.
Muitos anos.
E ainda oscilo entre dom
e dívida.
O rio, à noite, é o reflexo.
Das margens apagadas,
temos visto juntos o céu de cada dia.
O que ameaça e o que nos protege
de nós – contra nós.
Aqui, aí, a noite prossegue –
e aqui faz frio.
Haveria muito a dizer.
Entretanto digo apenas
que anseio
pelo brilho e pelo cheiro
dos seus cabelos soltos,
dos cachos molhados,
em desordem.

DISSE O sol ao anjo:
por teu amor
abrasarei o que não for
a tua própria
imagem.
Mas o anjo abriu
as duas asas azuis
e com elas fez
a primeira sombra
que cobriu a terra dura.

PALAVRAS
não bastam.
Pudesse fazer ouvir
o ranger dos cabelos.
Escrever sobre o seu
com o meu corpo
as sílabas mudas.
Neste enquanto, a voz
permanece sem hálito,
a carne é imagem
sem cheiro.
Mas o sinal dado
ergue, em revolta,
o desejo insepulto.
A manhã prossegue.
O que está por fazer
oprime.
O que não foi feito
reclama, a intervalos.
Como um ícone vazio,
ao longo do dia apenas
a saudade brilha
o seu fulgor escuro.

DANCE ME to the children
who are asking to be born.
Aquelas, as que seriam
nossas crianças, as que amaríamos
sem temor, o palco do mundo
aceso para a celebração
do homem, da mulher
e sua descendência.
Agora, o que peço
em consolo é que dance,
comigo dance – e que celebremos,
além do céu sem cor,
o que poderíamos,
não fossem os deuses alheios
à perfeita conjunção da carne,
ao que surdo, mas divino,
também em nós
habita.

O ESPERADO
(sempre cheguei tarde)
nunca se cumpre
(ou cedo, para o que busquei)
e para o inesperado
(mas eis que o presente)
um deus
(sem merecimento me foi dado)
abre a porta.

MEU AMOR
nesta manhã
(como
uma romã)
se debulha.

QUE ME diga sempre,
que eu sempre
ouça, de alguma forma,
o que, de várias formas,
sempre, sem dizer,
lhe digo.

CELEBRAREMOS O mistério – pura
conjunção da carne.
A alma agora está seca:
figueira sem fruto,
poeira de sandálias,
palavra morta
apodrecendo na boca.
Mas quando se juntarem
o homem e a mulher –
quando mais
não houver – quando
o corpo for o pão e a água
de outro corpo –
o que veio antes
e o que virá depois – rostos gêmeos
da privação – gotejando,
escorrerão, confundidos
como o suor embebido
nos lençóis.
Assim terá lugar,
outra vez – o mesmo,
desde o dia
do pecado:
no deserto e no degredo,
a real
ressurreição.

O PRAZER
dos corpos, dos objetos.
Os dedos tocam
no aço liso
a leve e profunda
vibração dos motores.
Escondidos, sua voz
percorre a carne
satisfeita.
A pequena
erupção dos pelos
contra a luz homogênea
do abajur de vidro.
E ao frescor da boca,
ao escuro acolhimento
das axilas,
em nome de que
dizer não?
Apenas deixar
ainda uma vez se erguer
a mesma voz: que sim,
ainda uma vez,
sim – somente
sim.

ESTÁTUA DE sal: a carne
solitária – sua forma
é retorno, impulso
de retorno, interdito
retorno.
A flor secreta
abre a corola, o sol
brota dos olhos,
o vinho mais doce
derrama no vazio.
Dentro desta pele,
de novo se estende
a paisagem desolada.
O que queimou, agora
apagado, o que ergueu em vão
a voz em agonia, agora
redivivo desejo: rebelado
desejo – voz sem abrigo,
raízes vivas
de arvore já seca.
Caminham para frente estas palavras:
sopro de corpo,
convocam, impotentes,
a alegria decomposta.
Seu contorno apenas,
pela falta, se devolve:
eco desfeito de outro corpo.
Verdade entrevista, entrevisto
paraíso – no vazio
mergulhado.

ESTAS
linhas partidas:
esparsa medida
do abandono.
Apenas
o ritmo
quebrado
do que se separou.
A falta, o que
não cabe:
cerzida, anulada
divisão.
O banido anseia,
sem retorno.
Distante, a carne
lavra,
o suor escorrendo do rosto:
anjos, se existis,
não é possível nenhuma
consolação?

COMO PODE o planeta,
andando de um lado para o outro,
contrário a si mesmo e à ordem dada,
guardar consigo a luz da estrela
que não vê?
Mas guarda e é como se chamasse.
Assim também me debruço
sobre o vazio sem fundo,
o foco escuro
que se alastra, cobrindo
a noite, a manhã,
o meio-dia, o eterno entardecer.

ESTE RUMOR, a brisa, um traço
de lua no alto da montanha.
O céu, redoma escura,
nicho vazio.
Onde estará (pergunto
em silêncio) agora?
Onde andará? Não posso
tocá-la, nem ouvi-la.
Em que rosto, em que gesto?
Que corpo
habitará esta noite?
Cruzo a rua, às escuras.
Cidade viúva, poço vazio.
Nós (essas vozes que sussurram),
nós teríamos erguido
a esperada canção.
Nós (insistem) teríamos
celebrado, se tivesse
existido.
Desvio a atenção: um cachorro,
o saco de lixo, quase invisível
no escuro, um carro que passa
e dobra a esquina: onde andará –
como um mantra, essa pergunta,
alternando com o ruído
dos meus passos.
Enquanto ao longe, a luz
começa a devolver o contorno
da cidade.

SE AQUI entrasse, ergueria a mão:
damascos, nozes, frutas secas,
o coração endurecido,
corpo virado do avesso.
A mente é rápida – a carência,
um predador.
Debaixo dos cabelos
outra vez é noite de abate.
A presença que salva,
onde?
Os ritos que se ensaiam,
quando
encontrarão o campo aberto?
Farinha branca, fitas amarelas.
Alguma coisa em mim caminha,
noite após noite,
ao seu destino.

UMA MULHER, no rio,
o seu olhar líquido.
Os óculos sobre a testa,
uma ponta de nuvem
refletida em cada lente.
A luz que se derrama
rebate na água,
nos cabelos molhados, entra
pelos olhos.
Pequenas ondas,
onde o corpo imerge.
A linha do braço,
o seu contorno.
Parado,
o lençol de água.
E o sol em toda parte.
Sob as inesperadas
inflexões da claridade,
a cor da pele –
e o convite da sombra,
que apesar persiste
nesse olhar que escorre
e se levanta, contra
o fundo da margem verde,
dirigido à lente
da fotografia.

PARASSE
de falar:
ainda assim,
buscaria
o ouvido,
o abrigo.
Parasse
de desejar:
não deixaria
de esperar
a inalcançável
graça.
Parasse
de pensar:
a memória
da destinação
persistiria
nisto.

QUE A minha mão seja dada ao esquecimento,
e a minha língua se enrole na boca, dizendo
apenas as palavras ordinárias,
que o meu sexo fique pendendo
como um enforcado e os meus olhos
rolem soltos sobre o chão.
Que eu não possa
encontrar refrigério, nem as pernas me levem
além deste lugar escuro, se aqui
eu me esquecer um dia
de ti, daquilo que nos rodeou, quando
estivemos em glória e vencemos, por instantes,
o fluxo da morte.
Se eu me esquecer de agradecer, odiar,
ansiar pelo jardim
onde a árvore floresce
e a vida eterna é uma lenda.
Este outro deus, sem nome: escondido,
sussurrando, desde o fundo do tempo,
a promessa real – o sem fim no que termina,
o fim de tudo que não seja luz,
transbordamento, encontro.
Que estas palavras sejam de outro
e fique a minha voz para sempre
engolfada na garganta, se eu
um momento me esquecer
de ti.

QUILHAS CONTRA

o negro mar – assim, minha esperança,
te atiravas na busca do retorno.
O céu cor de vinho, as nuvens brancas,
a pedra, entrevista, que evitavas.
Aqui te esperei, nesta areia seca, enquanto
o sol e as estrelas escorriam
na beirada das noites
e dos dias.
Até que, sem resposta, ouvi
o canto
que ao abandono me chamava –
e desde então és lembrança de lembrança,
quase nada.

MÚSICA DO tempo –
a promessa
por abrir.
O corpo outra vez
revolto, o céu pesado
– sem chuva –
vai trazendo a noite.
Esta silhueta – mulher lavando
cabelos azuis
de papel chinês.
O delicado recorte, a moldura,
o vidro e a luz
da manhã depois.
O de sempre: amor –
anunciado, aguardado.
A mão atravessa a espessura,
mergulha na névoa molhada
e volta vazia.
O pássaro se ergue no espaço
pela força da sua carne.
As asas batem,
o bico fende o ar parado.
Assim o amor, a mão que tenta
agarrar: transborda
a matéria viva, a alma se derrama.
Esta música do tempo
da fome: quem pudesse
receber, quem pudesse
devolver.

Ouço-a, deixo que passe
por mim. Que busque despertar
do outro lado
o que apenas em desejo
terei sido.

VINHA DE nenhum lugar.
Trigo sem corpo: somente
a esperança — a farinha sem peso.
Este vinho, este pão:
minha carne que avança
no tempo, a mente
que resiste — os pés
fincados no que não sustenta.
Areia da praia — e, ao largo, o mar
vazio de maravilhas.
Também eu caminhei sobre a água —
também eu, enterrado,
muitas vezes ressurgi
ao sol, bebendo
formas, contornos — histórias
de consolo, revolta, desespero.
Montado em palavras,
andei e me esqueci.
E as contemplei em rebanho
e confusão.
Agora aqui estou: repleto
dos outros, de tantos
logros, enquanto a vida
passa —
a minha única
e frágil vida passa cada vez
mais rápido — e apenas resta
vê-la passar.

FORMAS ABERTAS

do acolhimento: esta coluna
de mármore polido, a folha tenra
do limoeiro, a voz feminina.
Sua canção silenciosa.
Aquilo que agrada
recebe.
O que devolve
reencontra.
Todas, em coro, no meio
deste torpor.
Ergo-me dentro de mim,
pássaro solto, garoa,
papel, paina, poeira leve.
Aqui fora, a sombra do desejo indica
o local da queda.
Mas se escolho não vê-la,
tudo volta ao lugar: diz-me
a pedra brilhante e a flor do capim,
com a luz do sol
que as ilumina,
outra vez demandando
– em convite demandando –
o esquecido assentimento.

QUANDO CHOVE, os cavalos
não comem,
não andam.
Abertos, brilham,
sob os fios de chuva,
os seus grandes olhos pretos.
O horizonte se esconde.
As maritacas gemem no meio da folhagem.
Nenhum chamado.
Penso, volto atrás, penso outra vez.
E fico, com um gosto amargo na boca,
olhando a água que desce do beiral.

DESCE UMA pomba, seu pescoço
furta-cor repõe o sol difuso.
O sopro das asas caiu-me sobre a testa, como
graça inesperada, recebida.
Agora a acompanho, enquanto caminha
e seus pés vermelhos
brilham sob a lâmina de água
que imita o céu cinzento
desta manhã fria.

A FIAÇÃO da rua
balança. A chuva
primeiro acenderá as luzes,
depois as ocultará
sob a cortina espessa.
Pouco haverá para ver:
a sarjeta a transbordar,
o cão molhado sob a marquise,
a luz dos faróis na pista encharcada.
Agora, isto:
o ventre da tarde
sufoca o dia.
O sol se dissolve
como uma gota de mel
num pires
na água da pia.

UM PÁSSARO cruza o ar leitoso.
Sua sombra não atinge
a concha no fundo
da água transparente.
Uma palmeira se deita para o chão marrom.
Olhando para fora como quem olha
para dentro, talvez visse ainda
uma pedra no alto da montanha, acesa
com o sol poente.
Mas murmuro entre-dentes
algum verso alheio,
sentindo apenas falta,
de soslaio mirando
o fim da tarde, que se afunda
vazia e quente.

TODOS ENTRAMOS na morte
por onde a luz é mais fraca e o capacho
está puído e fora do lugar.
Os que já chegaram
aguardam sua vez, encostados à parede.
Cozinham o coração morno
nas mãos em concha.
Depois seguem morte adentro,
com as mãos pendentes.
Enquanto nós, que desde aqui olhamos,
evitamos com cuidado nos aproximar da casa
e caminhamos a esmo, com as mãos em concha,
com a morte dentro.

A ÁGUA corre, silenciosa,
sob o navio.
A cidade engolida pela chuva,
o horizonte que desaba.
Mas este olhar da amurada,
o sopro descendo nos pulmões,
enquanto o pensamento que se ergue,
bruxuleia, levanta-se
e logo se apaga –
que tem
com os prédios que explodem
contra o céu de chuva?
Aspiro fundo o ar marinho.
O navio continua o movimento.
De nada valeria agora
perguntar se é azar ou destino estar aqui,
sofrendo no escuro,
enquanto a paisagem aos poucos se desfaz
no mar aberto.

O NAVIO navega.
A luz da lua se reflete
na esteira líquida.
Vozes de ontem, quem as ouviria
no vento quente
que divide a proa?
E, no entanto, poderia agora
dispor cada palavra em sua frase exata
e a música, e o suor que escorria
das dolorosas sílabas.
Esta é uma viagem circular.
Não é uma partida: em breve
estarei de volta
ao mesmo lugar.
Um barco pequeno acompanha o navio.
O casco vermelho (se a luz não engana)
bate as ondas.
Aos poucos, vai tomando a dianteira.
Olho-o como se a minha vida
dependesse de uma coisa assim,
uma coisa à toa.
E talvez tenha dependido.
Talvez ainda dependa.
Mas é tarde.

ESTE DESTINO:
nem para cá,
nem para lá,
mas a linha reta para o que tem sido.
À noite,
avaliando o dia,
não posso fugir.
O que fiz, o que não fiz,
nada poderia
ter sido diferente.
Mesmo assim...
Ouço música,
vou jantar.
Depois, com os olhos abertos,
tento dormir.
Alguém ressona.
A cidade treme.
Passo as horas ouvindo e lembrando
o que não pude evitar.

OUTRA NOITE solitária.
Os ramos das árvores sussurram
palavras de inverno.
A juventude, a madureza: tudo
conflui para este instante.
O que tenho, o que não tive,
o que passou por mim
e me arrastou.
Recusar a piedade, afastar a inveja.
Tenho conversado sobre, tenho exposto
em voz alta.
Ouço-me falando.
Na sala vazia, ou na cama,
enquanto espero adormecer.
Nunca de fato alguém.
Exceto este que falo e que me fala
e o outro, que ouve,
sem dizer palavra, nem palavra –
das tantas que escorrem
hora após hora –
compreender.

O QUE parece desígnio,
o que parece desvio
para o caminho certo:
esta árvore –
não é apenas
esta árvore.
Conceito, lembrança alada,
figura enfronhada no corpo.
Em outro tempo, à sombra.
E também agora: vontade
de extravasar, ir além.
Para fora.
Miúdo movimento
a que (o corpo constrange
e) a mente obriga.
O acaso trouxe
esta árvore precisa.
Seu tronco, suas formas,
o cheiro das folhas esmagadas.
Assim o que era dentro
de repente é fora.
E o fora dissolve
o que era dentro.
E é tudo:
ponte, caminho
inviável. Resta o desejo
irritado (sem esperança,
brilho de um momento)
de que fosse
alguma coisa além
de sombra, nome de sombra,
coisa esquiva.

O CHEIRO das mangas na fruteira.
O diabo dança no meio da sala.
A vida que poderia ter sido
é a vida que por um momento foi.
Seu riso de escárnio,
o mundo de ponta-cabeça:
o diabo baila no centro da sala.
A azeitona repousa
no fundo do copo.
A música ecoa inútil.
Em volta da mesa,
as cadeiras se contemplam.
Em Barcelona, o sol fazia milagres.
Aqui, no meio da noite úmida,
apenas o diabo volteia e balança
o obscuro passado nas costas
do futuro impossível.
Remorso – ainda haverá
(escuto) muitas horas como esta.
O cheiro do gim se mistura
ao das mangas na fruteira.
Entre ambos, na costura,
como uma nota na pauta,
o diabo canta e escreve
a sua dança.

O CÉU quente, o asfalto
quente, o ar parado
e quente: o grito
do bem-te-vi, ardido
e quente.
Não há nuvens, a chuva
não virá.
As horas se amontoam
no horizonte – enquanto
a noite tarda e a voz afunda
no sangue grosso
que pulsa na garganta.

POR ESTE momento
em que o corpo aquieta,
a luz do céu
desce às colinas cobertas de névoa,
lagartas caminham para a ponta dos ramos,
formigas cortam e as plantas
desdobram novas folhas
da terra molhada e fria
que piso descalço,
por esta graça,
que enche os olhos,
estas palavras breves
de celebração.

A CHUVA na folhagem.
Bashô dizia:
sem a visão própria,
não há fora nem dentro.
O espírito apreende
sem mediação.
Assim agora a chuva
e o barulho e ao lado
alguém que ouve, por acaso,
a água caindo sobre estas
e não sobre aquelas
folhas grandes.

PODERIA SER apenas isto:
o bambu cresce para o sol,
os brotos incham com a seiva
sob as folhas novas.
O olho do céu não vê,
a carne vegetal não sabe.

Mas eis que rostos sem corpo –
minha mãe, meu pai, quem mais? –
me fitam do fundo do sono.
A noite passa, seu olhar perdura.
E sobe para mim
como um grito.

A NOITE gelada caminha
para o fim.
Em breve, o sol.
Fantasmas de odores, restos
do banquete – os deuses se foram.
O rumor das rodas se ergue,
como a esperança sonolenta
se ergue sem firmeza – mais memória
que vontade.
Ter algo a dizer. É bom
ter algo a dizer, ainda que seja
apenas registrar
o ápice e a queda, o que,
sem aviso,
se cumpriu
e desfez.

BELAS SÃO as manhãs indiferentes que debulham a sua luz
ou se esgueiram sob o céu de chuva.
Belo também o crepúsculo da tarde.
E belas as formas do desejo por abrir.
Quanto a mim,
uma tinha o cabelo escorrido e olhava para frente,
outra erguia o queixo e sorria.
A juventude, a pele
túmida,
fixada no instantâneo.
O amarelado do tempo denuncia.
As roupas também fazem testemunho,
a tramela da porta,
a máquina de escrever.
Mas sua beleza que não falha
atravessa alegrias e tristezas.
Ainda hoje, sobre a mesa,
sua graça aquece
o anoitecer.

NADA DE novo: a vida escorre
ora mais rápida, ora mais lenta.
Filhos, ideias, propriedades.
O rio carrega os restos,
a matéria morta flutua,
enrosca nas margens, mergulha
no redemoinho.
E logo reaparece, mais abaixo:
a face da água se desenha
imune à diferença.
O esforço, a inércia, a quietude
da morte.
Tudo afunda no lodo da beirada.
Tenho visto esta paisagem.
Há muitos anos
vejo esta mesma
paisagem.
Quando as nuvens se juntam no norte,
chove.
Quando vêm do oeste,
não chove.
Nesta casa temos vivido.
Minha mulher e eu e as recordações
de nós.
O céu agora
parece carregado.
O rio está cheio
de garrafas, lixo, espuma.
Tenho visto o tempo
esgotar-se, a vida, amarga,
no oco da impotência.

O que poderei ainda
fazer?
O que um dia não poderei
dizer?
De momento (digo
para mim mesmo),
é preciso estar atento.
O menor sinal importa,
ainda que não haja
o que mudar.
Estar atento.
Devem ter vindo do norte
estas nuvens, sinto
que já começa,
outra vez,
a chuviscar.

MEIO DA tarde:
da janela do meu quarto,
o emaranhado
delicado
dos galhos.
O sol nas folhas,
o céu ao fundo.
Pergunto-me quantos anos
demorei para poder ver,
quantos outros para poder
me deixar apenas ver
a paisagem comum,
que amanhã
já será outra.

NUNCA TINHA reparado
que deste canto da praça
se avistam as montanhas
no horizonte.
A cidade é um bordado de tetos e prédios.
Em certo ponto, termina.
As nuvens se acumulam sobre a serra.
Uma faixa de céu azul se abre
de lá
até a grande árvore
sob a qual contemplo
as outras árvores distantes.
O ruído da feira entorpece.
Alguma coisa se desprende do fundo
e por instantes flutua.
Tinha um amigo que dizia
ao fim de uma boa jornada: o dia
foi salvo.
Também o meu agora,
sem esforço nem remorso.
E ainda estamos
no meio da manhã.

A FOLHA da samambaia
balança na brisa
que não vem da janela
– fechada –
mas do ventilador.
O sol da manhã queimou
as pontas verdes.
Descem, para o assoalho,
as finas raízes –
brancos cabelos
entre dedos crestados
e marrons.
O velho xaxim
continua imóvel,
a luz da sala
reflete na vidraça,
enquanto, num lento
sobe e desce, acena
esta única
que restou.

MINHA MULHER mexe
numa sacola de plástico.
Deitado na cama, ouço o rumor
junto com outros rumores:
os carros na rua, a chuva na janela,
minha mãe murmurando
enquanto costurava,
os cães ladrando cada vez mais longe,
os insetos buscando o lampião.
Quase adormecido, escuto
como um acalanto.
E aos poucos vou emergindo,
até responder à pergunta que,
com a sacola já fechada,
vibra no ar por um momento
e cai sobre o meu peito nu.

TEMOS UM cachorro.
É um cachorro
pequeno.
Minha mulher me diz que há nele alguma coisa de lobo.
É provável que fale de si.
Os olhos tristes, o jeito temeroso.
Vistos de longe podiam parecer
cautela, contenção para o momento certo.
Penso, porém,
que é antes a doçura dos que
se exercitam implacavelmente
contra si. Os que
trazem a natureza amordaçada.
Assim também o nosso cão.
Sua expressão infantil,
sua contínua busca
de recompensa e aprovação.
É certo que seu andar oscilante,
pisando a rua quente como, nos filmes,
a neve fofa, evoca outras cenas
que jamais verá.
Que ficam além
do espaço estreito
em que, tenso, trota,
olhando para os lados.
E também é certo que recebe
o que lhe falta, desistindo
do que poderia fazer dele
um lobo, um herdeiro, filhote que seja,
da selva.

Muitos de nós também
assim nos temos visto.
E iludido
com sonhos de vingança.
Minha sede de vida,
a força que pulsa e chama
em cada dia.
Entretanto,
sobre uma planície noturna,
quantos de nós suportaríamos
o medo, a solidão, a incerteza,
a ausência de retorno?
A noite prossegue.
A manhã caminha.
O meio-dia esplende
e sufoca.
A marcha logo se renova.
Olhamo-nos os três a qualquer hora.
Os que poderiam saber não sabem.
O que não pode suspira,
enquanto se estende,
preguiçoso,
ao sol da manhã fria,
ou se abriga, encolhido,
quando a noite cai.

A LUZ inútil da sala
está acesa.
A tv ligada mostra um pedaço
de savana.
Tudo aqui fala de um sentido.
Luta pela vida.
Finalidade, trabalho.
A noite fechada, os carros
que passam.
Ando na frente da estante,
olho as lombadas.
O céu parece de chuva.
Poucos livros interessam
de fato.
Memórias como confissões.
Inúteis.
Projetos, promessas, desejos.
Inúteis.
A noite prossegue.
O cheiro é muito
familiar.
Assim também a forma
deste sentimento.
Nenhuma grandeza.
O ruído molhado dos pneus.
Em toda parte, água.
Ponho uma música para preencher
o espaço.
Apago a luz.
Deito-me no chão.

Ouço agora melhor.
Com algum empenho
e com alguma sorte
poderei dormir,
enquanto chove e a noite
se arrasta de um lado a outro lado
do céu coberto de nuvens.

PESSOAS PASSEIAM
pela praia iluminada.
A brisa da noite
varre o calor do fim do dia.
O mar é uma colcha escura,
a crista das ondas deixa
o seu desenho branco
contra as luzes ao longe
de um navio cargueiro.
Do outro lado da avenida,
o ronco dos carros, as buzinas,
lojas, chamados, apelos.
Deixo-me ficar
um instante entre os dois mundos,
ao lado de um lírio roxo
que floresce junto ao tronco
de um grande sete-copas.

CUIABÁ

Porções de nuvens esgarçadas
caem na árvore no meio da lagoa.
O sol poente avermelha e encolhe
o dobrar das asas no alarido.
Logo a lua, cada vez mais branca,
virá subindo devagar no céu.

DESTA SACADA, vejo
um pedaço de mar.
Pequenos veleiros, uma boia.
E conforme a vista regride,
palmeiras, telhados, moita de bambu.
Por fim, o pátio
onde os pardais se agitam
na poeira.
Ergo a vista outra vez: o mar
manchado de céu e nuvem.
Dizem que outrora, nesta cidade,
um padre pregou aos peixes.
Mas neste momento que me foi dado,
nenhuma palavra humana mostraria
mais que a buganvília aberta ao sol
sobre a copa da mangueira anã.

4 POEMAS MEXICANOS

I
A cabeça quebrada
de Quetzalcoatl:
o que teria dito, se tivesse
ouvidos para ouvir,
língua para repetir,
coração a oferecer?
Sempre me lembro da luz difusa
do final da tarde.
E de que ali longo tempo me postei
sob a extensão do que não pude
ou não quis
entender.

II

Nesta praça, bem cortada,
plantada no meio
da agitação cinzenta da cidade,
o olho aberto desta estátua maia.
Sento-me no degrau da escada,
vejo as folhas verdes
e as folhas secas que se enroscam
nas colunas entalhadas.
Este pequeno templo,
para aqui trazido
com seus deuses mortos.
E nas salas, bem expostos,
restos congelados
do ritual:
formas breves do medo,
do êxtase
e da destruição.
Sob o mesmo céu,
contemplo
as mesmas pedras.
Compreendo (tento dizer,
sem gosto de verdade na boca,
enquanto a voz da terra, misturada,
ecoa nos ouvidos,
junto das paredes de concreto).
O pensamento rodeia,
busca o centro negativo,
o intervalo – o que não sustenta a ponte
das palavras,

até que retorno
(a tarde já caminha para o fim),
em silêncio por dentro,
deslocado de mim.

III

COYOACÁN

A cama ardente:
câmara
de sacrifício.
Estrelas de gelo,
no céu sem brilho.
Cores sem conta
na paleta,
mortas na distância.
Este leito.
Nuvem rasgada
pela ponta da montanha,
rio arrastando as margens.
Barro, ossos, profecia, adorno, festa,
acenos do que seria.
Esta casa, fixa
no tempo: onde passeamos
sobre o mapa,
o desenho que restou.
Este leito.
Ainda vivo,
sob o olhar que sabe
(e todos sabem),
o olhar que sobe
e se reflete, um momento,
no espelho.

IV

Três rapazes erguem uma tenda
no quintal de Frida Kahlo.
O grito ritmado do esforço conjunto,
sob o olhar da caveira de bigodes
que porta um fuzil, rebate,
neste começo de inverno,
na água do tanque
coberto de folhas
e nas flores esparsas,
aqui eternas.
Enquanto tomo meu café,
ao sol, oscilo entre a nespereira,
carregada de frutos,
e a arte com que estendem por fim
o teto branco, imaculado
como o céu
desta manhã
de paz.

2 POEMAS DE NOVA IORQUE

I
Esta ponta de lança exposta
sob a luz macia. A tarde de chuva,
o frio nas folhas silenciosas
do outro lado da janela.
Comida de azinhavre, repousa
sobre a superfície limpa.
Outros restos resistem em sossego,
brilhando atrás do vidro grosso.
Talvez tenha estado sob os muros
de Troia – ou apenas ficado
em defesa da terra abandonada.
O que foi a linha fina
entre a vida e a morte agora rebaixado
à contemplação.
Assim também armaduras, vasos, adornos deliciosos.
Percorri estes altares da dessacralização
e me postei frente a esta
ponta de lança: verde, quebrada, rombuda.
Não é bela e talvez nem seja
o que supõe a legenda breve.
Olho-a porém como quem encontra
o reflexo inesperado
no vidro, na rua, ao dobrar a esquina.
Ainda não sei – e talvez não saiba –
o que me prende aqui.
A noite começará em breve,
os pés doem: como um esconjuro,

rabisco estas palavras, enquanto
junto pedaços e os disponho
como posso. Para nenhum consolo
nem destinação.

II

Deitado na cama, ouço música,
dormindo, acordando, dormindo.
Vejo na tela a mensagem: não escrevo
– ela diz – poemas. E diz ainda
o seu corpo seco.
Neste apartamento, no centro
da cidade das cidades, as paredes
falam: estão cheias
de lembranças: coisas velhas, de velhos
habitantes, achados, deixados de herança, presentes.
Quem fez a coleta montou com arte
este lugar, onde agora leio
as palavras dela: escrevo histórias –
ela diz – e me acusa
de fazer poemas.
De fato: todos, cada um a seu modo,
fazemos: os que recolhem a roupa do varal,
no frescor da chuva,
os que caminham sem direção, os que preservam
amorosamente os cacos
e com eles decoram as paredes.
Todos fazemos – apenas há
os que não fazem
senão com palavras.

O VINHO da noite, o frescor
do corpo líquido do sono.
Em Nova Iorque, as luzes
dissolviam o contorno
das nuvens baixas.
Aqui, a chuva cobre
as ruas de pedras.
O ruído das rodas
embala. Casa.
Só terminamos
de partir
depois de regressar.

MACAU

Os chineses fazem pontes curvas.
Os espíritos não passam, seguem linhas retas.
As noites longas e quentes, no jardim
de Camões, os pássaros da madrugada,
a barraca de macarrão,
cheia de crianças de azul.
Ali me abateram, muitas vezes
sem perdão.
Também foi inútil
postar-me na terra exígua, mirando a ponte.
Protegido, olhei de frente.
Do outro lado da água, meu avô, meu pai, eu mesmo.
Na linha sinuosa, este momento
de fraquejo.
Mas estava ali.
A vida, do outro lado,
aguardava.
Os dentes sujos de sangue,
sorria.
Era eu que só sabia
seguir por linhas retas.
Meu espírito arfava,
O coração, deserto, se agitava.
Em qualquer lugar, pensei.
Olhando a represa, o lago, o mar.
Ou este tanque de peixes,
sentado à margem da pequena ilha.
Por que não seria aqui?

RETORNO

Minha cidade já não é.
A casa não é.
A comida.
A roupa.
Os passos na varanda.
Apenas na lembrança,
o véu da culpa se esgarça.
Brilha a carne.
Solta,
exulta.
O que não havia
houve.
O que prendia
desapareceu.
Num relance.
Apenas o céu de chuva,
grávido, agora,
sobre as luzes
desta cidade.

EM ALGUM lugar, o pomar
abriga: as horas
do dia, as raízes úmidas.
Voo de pássaro, quase audível
amadurecer.
Caem agora os abacates,
o orvalho nas teias
e a sombra dos cães
sob a lua cheia.
O terreiro da tribo,
intocado.
Brilham, mais doces,
as laranjas do lado do poente.
A mão que as colhia
e descascava.
Tenho andado à volta.
Sempre um pouco além,
ou atrás, ou antes,
o pomar, as longas
esperas, o tempo quieto.
Aqui, ali. Em toda parte.

PAINEIRAS, CANAVIAIS,
a tia louca, o cavalo magro,
caixa de retrós, lamparina,
a rugosidade do balcão da venda:
a memória traz e a memória leva.
O mar: restos, pedaços,
toras carcomidas
que outrora foram
o esteio da casa.
O vinho não bebido azeda.
O bebido oscila apenas
um momento na boca.
Bate outra vez o mar,
ergue-se um instante
e rola na salsugem.
O pasto de terra ruim,
cupins, coqueiros.
Junto à moita de bambu,
o ronco do vento.
Boiam, viram de borco:
lembranças de lembranças,
ecos de outros ecos.
Sentado entre os avós,
um menino olha.
Sorri e aponta com o dedo.
Não há outra coisa
em que me apegue.
A viração da noite ergue a cortina,
os papéis se levantam
apenas para cair de novo
sobre a mesa.

Todos mortos.
Quase todos hoje
esquecidos.
Sem rosto nem história.
Restam os que nomeio,
enquanto os puder nomear.
Os que evoco, enquanto
puder evocar.
E é tudo.

TODA A vida se desfazendo
na ponta do lápis.
Este momento, aqueles
que vieram antes, e os outros
que ainda não nasceram.
O grafite deixa sua marca irregular.
A mão se fecha. Como água,
as palavras escorrem entre os dedos.
Apenas o lápis, em pé,
levemente inclinado para trás,
traça o seu caminho certo,
acompanhando a pauta.
Falam de amor estes rabiscos,
da ausência, de morte antecipada.
Marcam o tempo, sem alarde.
Areia branca, água clara,
uma concha que reflete a luz do sol:
aquilo que já houve ressuscita,
aquilo que não foi respira.
Por momentos.
É verde este lápis,
que vai perdendo o fio.
Paro um minuto, devolvo a forma
à ponta que registra.
Quando volto, alguma coisa
desapareceu.
As letras se sucedem, mortas,
o que havia passou,
o que não tinha chegado desfiou-se
na hesitação.
Com esforço, ergo de novo a casa,

algum pedaço de vida, entalado na lembrança,
o que nunca pôde ser, o desejo inconfessado.
O lápis engasga, raspa dolorido a pele
do papel.
Reparo que o traço está grosso,
a mão pesa, a consciência se arrasta.
Em breve, outro intervalo virá,
a face lembrada passará a indistinta,
a angústia, imóvel,
emitirá seu brilho baço.
Como no começo, neste e no outro.
Como antes do começo, quando a vida
estava do lado de fora e aguardava,
e o coração unido deveria
passar em breve a dois.
Pulsam outra vez estas palavras,
enquanto o grafite se esfarela.
Ouço que me chamam.
A sala está cheia de quadros.
Espelhos devolvem o gesto da recolha.
A voz insiste: a casa se abre
em múltiplos apelos.
Tento escrever agora
apenas para ouvir.
Para que continuem a falar.
Por isso se apagam, começam
lentamente a se desfazer.
Em breve vou depor o lápis.
O sol mergulhará no rio gelado.
Está no fim este momento.
Ao largo, fundem-se as imagens.

Desamparada, adormece
a voz que as habitava.
Ouço apenas, devolvido,
o raspar intermitente,
o rumor da escrita.
Levanto o rosto,
olho as marcas no papel.
Amanhã separarei o que restar
de testemunho, de sombra
do que veio outra vez
e outra vez
se foi.

O RISCO do bordado não se percebe.

A agulha porém o seguiu, onde a linha se enrosca à talagarça.

Até que por fim se erguesse o dromedário, a palma,

o desenho se fechasse sobre o pano libertado,

que era só suporte, terra, areia revolvida.

Os olhos percorrem agora a paisagem falha,

buscam o horizonte onde um sol vermelho afunda.

A água aflora em alguma parte não pintada,

o céu tem cores que a meada não permite.

Quando o mundo oscila,

este lenço ressuscita:

a menina morena que morava na casa da esquina,

o padeiro que cantava ópera,

a rua de asfalto derretido no calor do meio-dia.

A vida indistinta como o avesso do bordado.

A luz mudou, o desenho

do mundo se tornou mais complicado,

a casa pequena escondeu-se num canto da memória.

Mas o dromedário caminha ainda, sem hesitação.

A palmeira tem as folhas sempre verdes.

A areia acolhe, terrosa, a chuva que virá,

improvável, no deserto,

como o primeiro olhar, redivivo,

sobre este pequeno pedaço de pano,

reencontrado numa tarde fria.

A vida prossegue – diria alguém,

com a sabedoria mole que não deixa

de ser eficiente.

Paredes desabam, esta casa também

será vendida.

Haveria ainda outros testemunhos,
nas gavetas, nos armários.
Poderia aproveitar
o resto de luz da tarde e procurá-los.
Mas basta este lenço,
a paisagem, o animal, a planta,
já sem rastro visível
da mão que os recriou.

ASSIM DIRIA: nós.
Nesta sala, ouço apenas
os meus passos.
Ecoam. Quando tomo o corredor,
ecoam. Somente no ar aberto
do espaço exterior,
se aquietam.
Caminho agora para o carro.
Queria dizer: nós.
Passar o braço sobre o seu ombro,
sentir o passo miúdo
ajustar-se ao meu.
Mas em algum lugar
onde a noite é mais escura
e o rio decorre
como a vida aqui decorre,
vejo: o rosto, os cabelos finos, os olhos.
Enquanto dirijo, penso
quanto seria bom,
em cada novo momento,
dizer: nós.

ESTA É a oportunidade
da reconciliação.
Inerte, o corpo ainda assombra.
Que desapareça – digo –
que eu não veja mais
a repulsa, a negação.
Tento plantar, com ele,
as outras sementes:
as do que não houve,
do que me foi negado.
Mas ele insiste à tona.
Brotam rápido as plantas
sob a água.
Sem terra, vicejam por um momento
e tornam a murchar.
Espero agora a promessa:
o desaparecer da face amarga,
da mão que não se abriu.
Olho esses cabelos brancos:
poderia ter sido diferente?
O ódio não é o avesso
do amor.
Animal de outra espécie,
alimentou-se aqui, da minha carne,
da esperança e do terror.
Olho para o corpo
imóvel na cama.
A boca ainda fechada, a testa
franzida, pronta a condenar.
Não há nada por dentro.
O hábito deixou suas pegadas.

Esta é a roupa usada
que ainda mantém as marcas
das articulações.
A casca do inseto, que guarda, inúteis,
as formas da função.
Olho agora para dentro:
logo mais estará terminado.
Enterrada a esperança
de entendimento e de perdão,
a repetida recusa, a forma esquiva,
o retorno amargo ao ponto de partida,
poderei talvez ver firmes as raízes
do que não existiu
e agora brota, vivo,
do afeto decomposto.
Para não espelhar,
para conjurar o mal,
ouço que prometo,
em silêncio
e em segredo
de mim:
por essas hastes tenras velarei,
delas cuidarei
como de um bebê
ou de um filhote de cachorro.

A FLOREIRA da sala está cheia.
O perfume enerva, de tão doce.
De longe, a cor se destaca,
contra o fundo neutro
da cortina.
Seria agradável conversar
sobre o efeito dos cheiros,
sobre as formas e as cores
ou ainda, quem sabe,
o motivo de não termos conseguido.
Essas são as suas preferidas.
Tenho mantido o costume.
A conversa interior continua,
você responde da mesma maneira
à pergunta impossível.
Eu adivinho a verdade, apagada.
Ou quero crer que adivinho:
o que tentei evitar.
Desço ao quintal,
e volto.
Os passos na escada,
a sombra se arrastando à minha frente,
a maçaneta girando sob a mão – sob a minha
mão.
Sento-me à mesa da cozinha.
O que não pudemos dizer antes
tampouco é dito neste encontro
de fantasmas.
Continuamos a falar de tudo:
planos, compromissos, mentiras amáveis.
Até que nos calamos.

Também aqui nos calamos.
Levanto-me, passo para a sala.
O perfume é agora intolerável.
Por isso me sento
bem ao lado do vaso,
examinando as flores, suas formas concretas,
com grande atenção.

VÊ-LA ALI. Os olhos,
o movimento das mãos.
Involuntário.
Anárquico, dizem
os médicos.
Que vida ainda habita
aquele rosto?
É vida a carne apenas,
contida, durando
por si mesma?
Não respondo.
Faço o esforço
de estar – eu, ao menos –
por completo presente.
A sombra do olhar
recai sobre a pele
da mão inchada
e ainda assim
enrugada.
Os olhos castanhos
estão mais claros
sob a luz crua.
A pele, as unhas, os cabelos
continuam a envelhecer,
sem o cuidado diário
pela aparência triunfante.
Tanto esperei, tantas
vezes, daquele olhar.
Agora, mesmo quando brilha,
é baço, não transita,
não aquece nem amaldiçoa.

Ainda assim pesa, distribui
involuntárias emoções,
remexe a terra quieta,
faz surgir
o que julgava,
o que queria morto.
Aqui, no aparato
cruel das agulhas,
das ligaduras e dos cheiros,
no meio do zumbido,
do choro, das conversas soltas,
um menino velho ainda se senta
sobre os pés, olhando para cima.
Haveria histórias para contar.
Mas já não haveria quem pudesse
ouvir. Não há mais a quem falar,
ninguém a quem importe,
de fato, neste momento,
nem o quê, dizer.
Escolho, pois, os gestos com cuidado.
Faço-me de compungido, quando estou
desesperado. E de alheio,
quando estou inteiro.
E assim enfrento o fantasma duplo:
o dela, o meu.
Assim me defendo:
logo estarei cruzando
a praça, em direção à estrada.
O céu azul, que ela não vê,
verei.
Voltando para casa, ou indo

para um lugar vazio,
ainda terei tempo
de agradecer: a vida
se derrama aqui, enquanto falta
ali. A mim também coube
esta graça. A ela devo.
Por vontade ou sem,
convocou-me. Aqui estou.
e permanecerei ainda um tempo
sob a doce luz do sol.

TANTAS FOTOS: minha infância
feita de papel.
Agora, aqui neste posto
de gasolina, o pai.
Sua pele manchada,
a bengala apoiada na mesa,
o fundo de tristeza que nadava
embaixo do mar
das regras e certezas.
Olho, por fim
fotografo. Seus traços,
espelho dos meus.
Em gesto ignorado,
aqui nos abraçamos.
Fantasmas que habitamos,
mais um
momento.
Outra vez,
um ao outro seguramos:
mãos da imagem
conservada.
Não nos falamos, mas eis que
este momento celebra
nossa vida —
conjunta solidão.

MINHAS FILHAS me olham
do outro lado do tempo:
desilusão, sopro que seca,
mão que não se estende.
E como poderia ser diferente
para mim,
que passei os dias e as noites ensaiando
o que não consegui dizer?
Entre o desejo e o gesto,
as promessas e o perdão,
hesito.
O sol vermelho desce no horizonte,
a noite não trará repouso
nem o novo dia esquecimento.
Quando pareço imóvel,
alguém ainda caminha,
inutilmente se agita.
O remorso é uma estrada escura
e circular.
Das margens, da ramagem,
emergem figuras apagadas:
urso de pelúcia, quermesse,
manhã na praia, primeira
comunhão.
A rua velha, de pedras soltas,
bicicleta, cavalo de aluguel.
No entanto, nossos olhos
têm a mesma compleição:
quando juntos, numa foto,
somos inegavelmente o pai
e suas filhas.

E ali sorrimos, e o esboço
da família que não fomos brilha
mais intenso.
O amor insiste e perturba:
sem chão, flutua um momento no ar
e se converte
em penumbra.
Olho ainda uma vez.
E outras vezes olharei.
O que não pude ter
e o que perdi.

DIA DOS PAIS

Deitado no chão aos 57
anos de idade: uma pedra, o xaxim,
o trevo humilde e o céu
sem uma nuvem.
Esta é uma cidade grande.
Os prédios sobem no ar de domingo,
as pombas voam, o eco dos motores
se ergue atrás dos edifícios.
Tento alinhavar o que vejo,
o que percebo,
deitado no ladrilho.
Pequenos seres se movem na terra ao lado do meu rosto.
O cheiro do pó, das folhas de trevo, que arranco
para mascar o caule,
embala.
O cachorro se deita ao meu lado.
Apoia a cara no chão, suspira.
Em breve fecha os olhos
sobre o ladrilho fresco.
A tarde ainda vai a meio.
O céu sem fundo continua azul.
Em breve também eu
poderei fechar os olhos
em repouso.
Que este momento perdure
e ainda que apagado reste,
como aceno, vislumbre, promessa silenciosa
de retorno.

Título	Deste Lugar
Autor	Paulo Franchetti
Editor	Plinio Martins Filho
Produção Editorial	Aline Sato
Edirotação Eletrônica	Silvia Helena P. C. Gonçalves
Capa	Fabiana Soares Vieira
Formato	13,5 x 21 cm
Tipologia	Bembo 11/16
Papel	Pólen Soft 80 g/m²
Número de páginas	112
Impressão do miolo	Prol Gráfica e Editora